유서를 읽다, 쓰다

유성룡을 읽다, 쓰다

초판 1쇄 인쇄 2016년 2월 5일   초판 1쇄 발행 2016년 2월 15일

편저자 손지숙 · 정춘수   펴낸이 연준혁

출판 1분사
편집장 한수미

펴낸곳 (주)위즈덤하우스 출판등록 2000년 5월 23일 제13-1071호
주소 경기도 고양시 일산동구 정발산로 43-20 센트럴프라자 6층
전화 031)936-4000 팩스 031)903-3891
홈페이지 www.wisdomhouse.co.kr

값 11,800원 ⓒ 손지숙 · 정춘수, 2016
ISBN 978-89-6086-902-8 03900

고전
필독
필사

유성룡을 읽다, 쓰다

손지숙 · 정춘수 편저

위즈덤하우스

지나간 잘못을
읽고, 쓰고, 느끼며……

"『시경』에 '지나간 잘못을 징계하여 후환이 없도록 경계한다'는 대목이 나온다. 이 구절은 내가 『징비록懲毖錄』을 쓴 이유를 알려준다."

이 두 문장에 지난 잘못을 반성하며 널리 읽히기를 바랐던 유성룡의 뜻이 분명히 드러나 있습니다.

하지만 『징비록』은 조선 조정에 의해 금서로 지정되어 약 400년 동안 우리나라 사람 누구도 읽지 못했습니다. 일본 수출 금지 품목이기도 했던 이 『징비록』은 17세기에 일본에 유출되어 일본 지식인들 사이에서 읽히고, 중국에까지 넘어가 동아시아의 베스트셀러가 되었습니다.

『징비록』의 이 엇갈린 운명이 이후 우리나라의 모든 역사를 말해주고 있는 것은 아니겠지만, 교묘하게 얽혀 있는 『징비록』과 역사의 관계에 쓴웃음을 짓게 됩니다.

　사실『징비록』은 저에게 그리 친근한 책이 아니었습니다. 우리 민족에게 큰 아픔과 슬픔을 안겨준 역사적인 사건을 다룬 데다, 그 사건을 분석하고 평가한 딱딱한 역사책이라는 인식이 컸던 탓이겠지요. 하지만 지금은 그 어느 책보다도 가깝게 느껴집니다. 읽으면 읽을수록 유성룡의 절절한 마음이 개인적이고 주관적인 성격의 일기만큼이나 울려왔기 때문입니다.

　『징비록』을 읽는 내내 그 당시의 역사 속에 있는 듯한 느낌이 들었습니다. 그때의 역사 속으로 빠져들어 괜스레 감정적인 마음이 생겨 혼자 울고 웃었습니다.
　깊은 밤에 홀로 앉아 임진왜란을 돌아보며『징비록』을 쓰는 유성룡이 되기도 하고, 군량미 확보를 위해 동분서주하며 외롭게 임진왜란을 겪어내는 유성룡이 되기도 했습니다. 수없이 밀려오는 일본군을 보며 두려움에 몸서리치며 도망가는 장수가 되기도 하고, 일본군에 맞서 싸우는 이름 없는 백성이 되기도 했습니다. 이 책을 읽고 쓰는 독자 여러분도 필자와 비슷한 경험을 하게 될 것으로 생각합니다.

　『징비록』은 일본과 벌였던 7년 동안의 전쟁, 즉 임진왜란의 원인과 과정, 결과를 세심히 다루면서, 전쟁의 비극에 휘말린 조선의 상황과 일본의 조선 침략 실패의 원인을 냉철히 분석한 책입니다.

　이 책은 『징비록』의 내용 가운데 임진왜란의 중심 줄기를 따라가며, 그 속에서 벌어진 의미 있는 여러 싸움과 그 싸움 속의 장수와 백성, 선조의 움직임, 그리고 유성룡의 복잡한 마음과 냉정한 평가가 잘 드러나는 부분을 뽑아 실었습니다.

　현재에도 살아 숨 쉬고 있는 유성룡의 글을 원문과 함께 직접 읽고 쓰는 일은 큰 의미가 있을 것입니다. 단지 머리와 가슴으로만 느끼는 고전 읽기에서 한 걸음 더 나아가 손이 느끼는 새로운 고전 읽기가 될 것입니다.

　필자가 느낀 의미와 감동이 이 책을 읽고 쓰는 모든 분들에게 고스란히 전해지기를 바랍니다.

손지숙·정춘수

차례

조짐

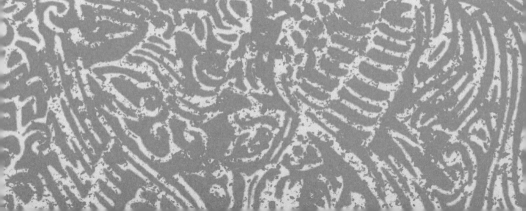

1586년, 일본 사신 다치바나 야스히로가

자기들의 왕 도요토미 히데요시가

보낸 글을 가지고 왔다.

조
짐

신숙주의 마지막 유언

"앞으로도 일본과 친하게 지내도록 하십시오."

신숙주는 죽음을 앞둔 어느 날 성종에게 이런 의미심장한 말을 마지막 유언으로 남겼다. 그는 임금의 친서를 가지고 일본과 중국을 여러 차례 드나들며 쌓은 폭넓은 경험으로 국제적인 감각을 갖춘 인물이었다. 신숙주의 유언을 마음 깊이 새겨두었던 성종은 일본에 사신을 보내 화친하려 했으나, 사신이 풍토병에 걸리는 바람에 일본에 도달하지 못한다.

그 뒤 조선에서는 단 한 번도 사신을 보내지 않았다. 도요토미 히데요시는 일본의 새로운 지배자가 되자 가장 먼저 조선에 사신을 보내며 숨겨온 야망과 함께 불편한 심기를 드러냈다.

신숙주의 마지막 유언으로부터 약 100년 후 임진왜란이 일어난다.

萬曆丙戌間，

日本國使橘康廣，

以其國王平秀吉書來。

야스히로가 술을 마시다

후추 열매를 술상 위에 뿌렸다.

기생과 악사들이 후추를 주우려고

서로 엉켜서 술자리가 난장판이 되었다.

숙소로 돌아온 야스히로가

한숨을 쉬며 통역관에게 말했다.

"당신 나라는 망할 거요.

이미 위아래 기강이 흐트러졌는데

어떻게 망하지 않기를 기대하겠소?"

일본 사신의 망언

창의 자루가 참으로 짧다는 둥, 편안하게 세월을 보내면서 왜 머리가 희냐는 둥 일본 사신 다치바나 야스히로의 무례함은 끝이 없었다. 야스히로는 쉰 살이 넘은 나이에 흰 머리털과 긴 수염을 늘어뜨린 데다 몸집이 매우 거대했다. 그는 서울에 도착해 참석한 예조판서의 잔치에서도 망언을 서슴지 않았다. 후추를 뿌려 잔칫상을 아수라장으로 만들어놓고는 아예 대놓고 나라의 망함을 운운하였다. 이런 망언의 결과는 아니겠지만, 야스히로는 제명을 다하지 못한다. 조정의 답장을 가지고 돌아간 그는 도요토미 히데요시에게 사신의 임무 수행 결과를 보고하는 자리에서 죽임을 당했다. 수로가 험해서 사신을 보내지 못한다는 답장에 도요토미가 크게 분노했기 때문이다.

酒酣, 康廣散胡椒 筵上,
妓工爭取之 無復倫次 康廣回所館 嘆息語譯曰：
汝國亡矣 紀綱已毀, 不亡何待。

김성일은 전혀 다른 말을 했다.

"신은 그런 낌새를 못 느꼈습니다.

윤길이 인심을 혼란스럽게 하니

옳지 않습니다."

두 사신의 상반된 보고

1590년 봄, 전쟁의 기운을 느낀 조정은 일본에 사신을 보내기로 결정한다. 사신
이라기보다 정세 파악을 위한 은밀한 정탐 역할이었다. 고심 끝에 선정된 황윤
길과 김성일은 기나긴 여행길에 올랐다. 다섯 달이 지나서야 겨우 도요토미 히
데요시를 만난 일행은 그의 못생긴 얼굴에 한 번 놀라고, 사람을 꿰뚫어보는 듯
한 강렬한 눈빛에 또 한 번 놀랐다.

이듬해 봄에 돌아온 황윤길은 일본이 쳐들어올 것이라고 조정에 보고했고, 김성
일은 쳐들어오지 않을 것이라고 보고했다. 두 사신의 상반된 보고에 조정의 의
견도 둘로 나뉘었다. 조정은 큰 혼란에 빠졌다.

誠一曰：

臣不見其有是 因言：允吉動搖人心, 非宜。

합천 사람 이로는 나와 동갑이며 전적을 지냈다.

그가 편지를 썼다.

"성을 쌓는 일은 계책도 아닐세.

합천의 삼가 앞은 정암 나루로 막혀 있는데

왜적이 날아서 강을 건너겠나.

왜 쓸데없이 성을 쌓아 백성을 고생시키는가?"

이 태평한 시대에 성을 쌓다니!?

두 사신의 상반된 보고와 혼란스러운 조정 상황 속에서도 전쟁에 대비하자는 의견이 완전히 묵살되지는 않았다. 전쟁 대비를 위해 성곽을 보수하기도 하고, 군사 훈련을 실시하기도 했다.

하지만 성곽을 보수하기 위해 동원된 백성들의 불만이 높아져갔다. 조정에서도 무조건 성을 쌓는다고 백성을 괴롭히고 있으니 답답하다는 의견이 많았다. 오랫동안 나라 안이 평화로웠기 때문이다.

전쟁의 기운은 점점 더해져만 가는데, 전쟁에 대한 의견은 아직도 분분했다. 그렇게 속절없이 시간만 흘러갔다.

余同年前典籍李魯陝川人 貽書余言 築城非計 且曰:

三嘉前阻鼎津, 倭能飛渡乎 何爲浪築, 勞民。

"난리라도 터지면 이일을 내려보내야 합니다.

그럴 바에야 하루라도 일찍 보내서

미리 대비하도록 하는 편이 낫습니다.

일이 닥쳐서 보내면 그 지역의 형세도 낯설고

병사들의 사기도 잘 모를 것입니다.

병법에서도 피하라고 하는 일이니

나중에 반드시 후회하게 됩니다."

조
짐

유성룡 혼자만의 전쟁 대비

당시 조정에 있던 유명한 장수는 신립과 이일이었다. 반면에 경상 우병사 조대곤은 점점 믿음을 잃어가고 있었다. 유성룡은 이일과 조대곤의 자리를 서로 바꾸자는 의견을 내놓았다. 그러자 명장을 지방으로 보내서는 안 된다는 반대 의견이 나왔다. 유성룡은 변란이 일어나기 전에 장수를 일찍감치 내려보내 대비해야 한다고 주장했다. 선조는 이러지도 저러지도 못하며 결정을 내리지 못하였다.

아울러 유성룡은 진관제도를 다시 정비하여 평상시에는 훈련에 집중하고, 전쟁 시에는 한 곳에 집결해 대응할 수 있도록 하자고 제기했다. 그는 현장 지휘관에게 재량권을 주는 진관제도가 중앙에서 모든 것을 통제하는 제승방략보다 유효하다고 생각했다. 하지만 오랫동안 사용해온 제승방략을 바꿀 수 없다는 반대 의견에 유성룡의 주장은 받아들여지지 않았다. 임진왜란이 일어나기 약 6개월 전의 일이었다.

有變, 鎰終不得不遣, 等遣之 寧早往一日,
使預備待變, 庶或有益 不然,
倉卒之際, 以客將馳下, 旣不諳本道形勢,
又不識軍士勇怯 此兵家所忌, 必有後悔。

"조총이라 해서 쏠 때마다 다 맞는답니까?"
신립이 당황하며 말했다.

천하태평이었던 신립

유성룡은 일본군의 장점 중 하나로 '조총'을 꼽았다. '날아가는 새도 맞힐 수 있
다'는 뜻의 조총은 이름만큼이나 위협적이었다. 유성룡은 조총을 가진 일본군을
만만히 보아서는 안 된다고 신립에게 충고했다. 하지만 당시 최고의 무신 신립
은 조총을 별 대수롭지 않게 생각하며 "조총을 쏠 때마다 맞느냐?"며 태연히 대
꾸할 뿐이었다.

신립은 1592년 봄, 군사 태세를 점검하는 임무를 띠고 경기도와 황해도를 순시
한다. 하지만 그는 천하태평이었다. 신립은 임무 수행은 뒷전으로 미루고, 자신
의 위엄을 세우는 데에만 신경을 썼다. 그를 맞이하는 지방 관리들은 허술한 군
사 태세에 대한 지적보다 대우가 소홀하다는 질책을 받을까봐 전전긍긍했다.

茲遽曰：

雖有鳥銃，豈能盡中。

1591년 여름,

소 요시토시*가 다시 부산에 왔다.

그가 국경을 지키던 장수들에게 말했다.

"일본은 명나라와 통신하고 싶어 하오.

조선이 이 뜻을 명나라에 전해주면 다행이겠지만

그렇지 않으면 조선과 일본의 평화는 깨질 것이오.

그렇게 되면 큰일이니

직접 와서 알려주는 것이오."

* 쓰시마 섬 도주.

이상한 조짐

야스히로 다음으로 조선에 사신으로 온 요시토시는 국경을 지키고 있던 조선의 장수들에게 이렇게 말했다. 조선의 평화를 담보로 명나라와 통신하고자 하는 뜻을 전하는 은근한 협박이었다. 장수들은 요시토시가 한 말을 그대로 보고했지만, 조정은 별일 아니라며 넘겨버리고 답을 주지 않았다.

배에서 대기하고 있던 요시토시는 열흘이 넘도록 조정에서 답이 오지 않자 결국 폭발한다. 그가 붉으락푸르락 달아오른 얼굴로 일본으로 돌아간 뒤, 어떤 일본인도 조선 땅에 발을 들여놓지 않았다. 부산포에 머물던 일본인들도 서서히 사라지더니 어느 순간 그림자도 보이지 않게 되었다.

사람들은 이상한 조짐을 느꼈다. 이 느낌은 틀리지 않았다. 곧 현실로 나타났다.

辛卯夏 平義智又到釜山浦 爲邊將言:
日本欲通大明, 若朝鮮爲之奏聞, 則幸甚。
不然, 兩國將失和氣, 此乃大事 故來告。

발발

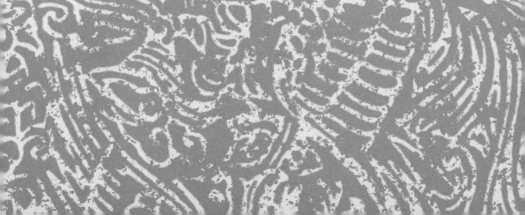

4월 13일, 왜적이 국경을 침범해
부산포를 함락시켰다.
첨사 정발이 죽었다.

임진왜란의 시작

짙은 새벽안개를 틈타 부산 앞바다를 새까맣게 뒤덮으며 일본군의 함대가 몰려왔다. 일본군이 부산에 상륙한 다음 날인 1592년 4월 14일, 부산진성전투를 처음으로 임진왜란은 시작된다.

당시 부산진성에는 부임한 지 두 달쯤 된 정발이 있었다. 마침 절영도로 사냥을 나갔던 그는 일본군의 기습 침략을 보고받고 곧장 돌아온다. 항복을 권유하고, 이를 거절하는 실랑이 끝에 치열한 전투의 막이 올랐다.

단숨에 부산진성을 무너뜨린 일본군은 기세를 몰아 동래성까지 무너뜨린다. 동래성이 무너지자 양산, 밀양 등 주변 마을들도 힘없이 무너졌다.

끝까지 성을 포기하지 않고 온몸으로 일본군에 맞선 장수 정발, 송상현 등이 있었던 반면, 제 살길을 찾아 백성을 버리고 도망치거나 심지어 자기 첩부터 피신시킨 이각 같은 장수도 있었다.

四月十三日,

倭兵犯境 陷釜山浦 僉使鄭撥死。

4월 17일 이른 아침,

왜적 침략의 보고가 처음으로 조정에 올라왔다.

경상좌수사 박홍의 장계를 통해서였다. …

곧이어 부산이 함락됐다는 보고가 들어왔다. …

"높은 곳에 올라가 바라보니

성 안 가득히 붉은 깃발만 펄럭였습니다.

이를 보고 성이 함락됐음을 알았습니다."

박홍의 장계에는 이렇게만 쓰여 있었다.

발
발

왜적의 침략 사실이 처음 조정에 알려진 날

일본군이 침략한 지 나흘 뒤인 이날, 조정에서는 여느 날과 다름없는 하루가 시작되려 하고 있었다. 이른 아침 박홍이 보낸 장계가 조정에 도착하기 전까지는……. 경상 좌수사 박홍은 일본군의 기세에 겁먹고 부산성을 버리고 도망친 상태로 허겁지겁 장계를 올렸다.

장계를 받은 조정의 첫 반응은 '대수롭지 않음'이었다. 조정에서는 일본군의 침략을 소규모 병력이 일으킨 난리나 왜구들의 노략질 정도로 심각하게 생각하지 않았고, 조선의 장수들이 잘 막아줄 것으로 믿었다.

그러나 곳곳에서 일본군에 의해 성들이 무너지고 있다는 장계가 연이어 올라왔다. 조정에서는 그제야 사태의 심각성을 인지하고 허둥대기 시작했다.

十七日早朝 邊報始至 乃左水使朴泓狀啓也。…

俄而, 釜山陷報又至。…

泓狀啓但云：登高以望, 赤旗滿城中, 以此知城陷。

이일은 한양에서 정예 병사 300명을 통솔하여

떠나려고 했다. 그렇지만 병조의 문서에 오른 병사들은

대부분 집에서 살림하던 이거나 아전, 유생들이었다.

이들을 임시로 불러 점검을 해보니

관복 차림에 시험 답안지를 끼고 나온 유생이나

평정건을 쓴 아전뿐이었다.

병역을 면제받으려는 이들만 뜰에 가득해서

뽑아 보낼 만한 사람이 없었다.

이일은 임금의 명령을 받은 지

사흘이 지났는데도 출발하지 못했다.

발
발

싸울 병사가 없다

사태의 중대성을 깨달은 조정은 뒤늦게 바쁘게 움직였다. 이일을 순변사로, 성응길을 좌방어사로, 조경을 우방어사로 임명해 위급한 나라를 구할 것을 명했다. 그러나 임명된 장수들은 휘하에 거느릴 병사들조차 없는 심각한 상황이었다. 간신히 병조에서 병사들을 선발했으나 병사라고 말하기 무색한 일반 백성들뿐이었다. 이 때문에 어명을 받은 지 사흘이 지나도록 이일은 전장으로 떠나지 못하고 있었다. 첫 장계가 올라온 4월 17일 양산이, 그다음 날에는 밀양마저 무너진 급박한 상황이었다.

어쩔 수 없이 이일이 먼저 출발하고 나중에 병사들을 받기로 했다. 이것이 일본의 침략에 속수무책이었던 당시의 현실 그 자체였다.

李鎰欲率京中精兵三百名去, 取兵曹選兵案視之,
皆閭閻市井 白徒胥吏 儒生居半 臨時點閱,
儒生具冠服, 持試卷, 吏戴平項巾,
自愬求免者充滿於庭, 無可遣者 鎰受命三日不發。

경상우병사 김성일을 체포하여
옥에 가두려고 했다.
붙잡아오는 도중에
다시 초유사로 임명하였다.

발
발

김성일, 죄를 용서받다

선조가 김성일을 잡아들이라는 명령을 내렸다. 사신으로 일본에 다녀와 잘못된 보고를 했다는 죄목이었다. 당시 김성일은 상주에서 적과 대치하고 있는 중이었다. 그는 달아나려는 장수들을 질책하고, 흩어진 병사들을 불러모으며 앞으로의 전투에 대비하고 있었다. 갑작스럽게 체포된 김성일은 분을 참지 못하고, 있는 힘을 다해 적을 물리쳐달라는 말을 남기며 눈물을 흘렸다.

김성일 일행이 직산에 도착할 즈음, 선조는 노여움을 풀고 김성일의 죄를 용서한다. 경상도 지방에 김성일을 따르는 백성들이 많다는 점도 유리하게 작용했다.

逮慶尙右兵使金誠一下獄 未至 還以爲招諭使。

개녕 사람이 호소했다.

"제발 저를 잠깐 가둬놓으십시오.

내일 아침까지 적이 이곳에 나타나지 않으면

그때 죽여도 늦지 않습니다."

발
발

적이 왔는데도 알아차리지 못하다

"적들이 코앞에 다가왔습니다."

일본군이 침입한 지 약 10일 되었을 때의 일이다. 이일이 상주에 머무르고 있던 저녁 무렵, 개녕 사람이 와서 적들의 움직임을 알려주었다. 하지만 이일은 그의 말을 믿지 못하고 오히려 목을 베려 했다. 다급해진 개녕 사람은 내일 아침까지만 기다려달라고 말한다.

실제 적들은 상주에서 겨우 20리 떨어진 곳까지 육박해온 상태였다. 그러나 척후병을 보내지 않았던 이일의 진영에서는 이 사실을 꿈에도 모르고 있었다. 아침이 되어도 적의 그림자가 보이지 않자, 이일은 거짓말로 민심을 흩뜨렸다는 이유로 죄 없는 사람의 목을 베었다.

4월 24일, 이일은 적이 와도 알아차리지 못한 어리석음으로 대패한다. 간신히 달아난 그는 겨우 목숨만 부지했다.

其人呼曰：

願姑囚我 明早賊未至, 死未晚也。

종친들이 합문 밖에 모여 울면서 간청했다.

"도성을 버리지 마소서."

영중추부사 김귀영이 붉으락푸르락하면서

신하들과 함께 임금을 뵈러 들어갔다.

그는 임금에게 한양을 지키시라 부탁하고

말을 덧붙였다.

"성을 버리자고 말한다면 그가 바로 소인배입니다."

발
발

선조의 피란

"종묘사직이 이곳에 있는데, 내 어디로 갈 수 있겠는가."

도성을 버리지 말라는 신하들의 간곡한 청에 선조는 이렇게 당당히 교지를 내려 모두를 안심시켰다. 하지만 상황은 선조의 생각과는 다르게 전개되었다. 아니, 선조의 마음은 이미 피란으로 기울어져 있었다. 믿었던 이일이 상주에서 패했다는 보고가 올라온 상태였다. 선조는 마음이 불안하여 안절부절못하였다.

결국 며칠 뒤 신립까지 패배하자, 선조가 원하던 대로 4월 29일 파천이 결정되었다. 30일 새벽, 선조는 피란길에 올랐다. 조선 건국 이래 최초의 파천이었다.

宗親聚閤門外痛哭 請：

勿棄城 領府事金貴榮尤憤憤 與諸大臣入對 請固守京城 且曰：

倡議棄城者 乃小人也。

격전

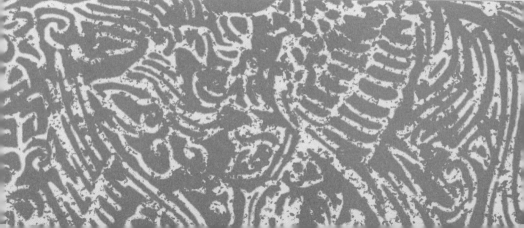

신립은 군대를 이끌고 나아가

탄금대 앞을 흐르는 두 갈래 강물 사이에 진을 쳤다.

좌우에 논이 많고 풀이 우거져서

말을 내달리기 어려운 곳이었다.

잠시 후 적군이 단월역에서부터

길을 나누어 공격해 들어왔다.

비바람이 한꺼번에 몰아치는 것 같은 기세였다.

신립의 실책, 비극적 결과

1592년 4월 28일, 일본군은 산과 강을 따라 하늘을 울리고 땅을 뒤흔드는 총 소리와 함께 공격해왔다. 신립은 폭풍우처럼 몰아치는 적의 공격에 그만 정신을 놓아버렸다. 적진으로 돌격하려 했으나 뜻을 이룰 수 없었다. 결국 신립은 말머리를 강으로 돌리고 만다.

원래 신립은 조령을 방어할 생각이었다. 하지만 이일의 패전 소식에 의지가 꺾여 충주로 돌아오고 말았다. 조령이라는 천혜의 요새를 버린 결과는 참담했다. 조령을 버린 뒤 배수진을 치고 결사 항전을 벌이겠다는 신립의 계획은 최대 실책이었다. 이 실책은 자신은 물론 수많은 병사들을 죽음의 강으로 몰아넣는 비극적인 결과로 이어졌다.

因率軍，出陣干彈琴臺前兩水間，
其地左右多稻田，水草交雜，不便馳驅 少頃，
賊從丹月驛分路而至，勢如風雨。

왜적이 밤낮으로 북쪽을 향해 진군하는데도

어느 한곳에서도 그들을 막아

기세를 누그러뜨린 이가 없었다.

이러니 침략한 지 열흘 만에

벌써 경상도 상주까지 다다른 것이 아닌가.

이일은 위에서 파견한 손님 장군이라 훈련된 군사도 없이

급작스레 싸우다가 적을 이기지 못했다.

신립이 충주에 도착하기도 전에 이일이 패배하니

전진과 후퇴의 근거지를 잃었고 일이 크게 틀어졌다.

적
선

조선이 급격히 무너진 원인

경상좌수사 박홍은 일본군의 세력이 자신의 상상보다 대단한 것을 보고 지레 겁을 먹었다. 그러고는 병사를 동원할 생각조차 못하고 성을 버리고 달아났다. 또한 많은 배를 거느리고 있었던 우수사 원균은 거리가 좀 멀더라도 나아가 적을 위협해야 했다. 하지만 그러지 않았다. 경상도 지역의 육지와 바다를 지킨 장수들은 모두 자기 역할을 다하지 못했다.

장수가 이러니 병사들도 먼 곳에서 일본군의 모습이 보이기만 해도 싸울 생각은 커녕 피하기 급급했다. 그래서 일본군은 파죽지세로 서울까지 밀고 올라올 수 있었던 것이다.

畫夜北上, 無一處敢齟齬, 少緩其勢者,

不十日已至尙州 李鎰客將無軍, 猝與相角, 勢固不敵。

砬未至忠州 而鎰先敗 進退失據 事是以大謬。

16

신립은 한때 날래고 매서운 장수라고

이름을 얻었으나

전략을 짜고 계책을 내는 일은 잘하지 못했다.

옛사람도

"장군이 군대를 움직일 줄 모르면

나라를 적에게 내주는 것과 같다"

고 하였다.

적
전

장수가 군사를 쓸 줄 모르면

상주에 들어선 일본군들은 깎아지른 듯한 벼랑 앞에서 진군을 멈추었다. 이런 곳에 적이 없을 리가 없다고 생각했기 때문이다. 일본군들은 이곳에 조선의 병사들이 숨어서 자신들을 기다리고 있을 것을 확신하며 두려워했다. 벼랑 위에서 비 오듯 쏟아질 화살을 상상하며 머뭇거리던 일본군들은 몇 번이나 척후병을 보내어 살펴보게 했다.

그런데 무엇인가 이상했다. 숨어 있는 병사들이 전혀 없었다. 이 믿을 수 없는 사실을 거듭 확인한 일본군들은 유유히 벼랑 사이를 지나갔다. 4월 27일, 일본군은 조령을 점령한다. 힘들이지 않고 천혜의 요새를 거저 얻은 것이다.

유성룡은 조령 방어를 포기한 신립에 대해 호된 비판과 깊은 아쉬움을 그대로 표현했다.

蓋砬雖輕銳得時名, 籌略非其所長 古人云：
將不知兵, 以其國與敵。

17

마산역을 지날 때였다.

밭에서 일하던 사람이 임금의 행렬을 보더니

울부짖으며 말했다.

"국가가 우리를 버리고 가면

우리들은 누굴 믿고 살아야 합니까?"

한 백성의 통곡, 결국 만백성의 통곡

피란 가는 선조의 행렬이 돈의문을 지나 지금의 홍제동 근처 사현 고개에 닿을
때쯤 동이 터 올랐다. 어제와 다른 새날이 밝았다. 고개를 넘어 석교에 도착할
때쯤 비가 내리기 시작했다. 그 누구도 비를 피할 엄두를 내지 못했다. 모두 내
리는 비를 그대로 맞으며 앞으로 나아갈 뿐이었다. 빗줄기가 더욱 거세지자 선
조는 벽제역으로 들어가 잠시 비를 피하였다. 하지만 오랜 시간을 지체할 수 없
었다. 마음이 급했다.

오늘날의 파주 근처 마산역을 지날 때, 선조 일행을 바라보던 한 백성이 통곡하
며 부르짖었다. 이는 일개 한 백성의 통곡이 아니었을 것이다. 만백성의 통곡이
자, 조선의 통곡이었을 것이다. 비는 임진강에 다다를 때까지 멈추지 않았다.

過馬山驛 有人在田間 望之慟哭曰：
國家棄我去 我輩何恃而生也。

18

"정 정승을 부르소서." 엎드린 이가 말했다.

그때 정철은 강계에 귀양 가 있었기에 그렇게 말한 것이다.

임금이 "알았다" 하고 "정철을 불러올리라"고 명령했다.

저녁 때 궁궐로 돌아와 나를 파면하고

유홍을 우의정에, 최흥원과 윤두수를

영의정과 좌의정에 승진시켰다.

그때까지 적이 아직 한양에 들어오지 않았다는

소식이 돌자 사람들이 임금을

피란길에 오르게 한 잘못을 나에게 따졌다.

파면당한 유성룡

선조를 피란길에 오르게 한 것, 그것이 유성룡의 파면 이유였다.

'서울을 떠난 것이 과연 옳은 결정이었는가?'

5월 1일 개성에 도착한 후, 극도의 고생과 굶주림의 피란길을 경험한 신하들 사이에서 서울을 떠난 것은 잘못된 결정이라는 생각이 퍼져가기 시작했다.

누군가가 책임을 져야 했다. 피란에 찬성한 이산해에게 비난의 화살이 쏟아졌다. 이산해가 파직되고, 극구 사양하던 유성룡이 영의정으로 임명되었다.

그러나 신하들의 마음은 가라앉지 않았다. 선조는 유성룡을 끌어들여 파면시켰다. 임금의 피란길 와중인 5월 2일, 단 하루 동안의 영의정이었다.

그날 바로 일본군은 서울에 발을 들여놓았다.

對曰：願召鄭政丞 蓋鄭澈時竄在江界,

故云然 上曰：知道 卽命召澈, 赴行在,

夕還宮 余以罪罷, 兪泓爲右相,

崔興源 尹斗壽以次而陞 聞賊尙未至京城 衆議皆咎去邠之失。

19

세 갈래로 진격해온 적의 병사가
모두 한양에 들어왔다.
그렇지만 성 안의 백성들이
이미 흩어져 달아났기에
성 안은 텅 비어 있었다.

일본군의 서울 입성

5월 2일, 일본군은 임금이 없는 조선의 수도에 손쉽게 입성한다. 일본군은 활짝
열려 있는 홍인문을 보고도, 조선의 계략일지도 모른다는 생각에 선뜻 발을 들
여놓지 못했다. 일본군으로서도 이렇게 쉽게 서울을 점령할 수 있으리라 전혀
예상하지 못한 일이었다. 부산진성이 함락된 지 18일 만의 일이다.

그러나 텅 빈 서울에 입성한 일본군은 맥이 빠졌다. 그들은 서울에 입성해 조선
의 임금을 무릎 꿇리면 전쟁은 쉽게 끝나리라 생각했었다. 어서 빨리 서울에 들
어가 공을 세우고 금의환향하기를 기대했었다. 예상치 못한 손쉬운 서울 입성만
큼이나 앞으로의 전쟁의 전개도 예상할 수 없는 방향으로 흐르고 있었다.

일본군의 서울 입성으로 다시 피란길에 오른 선조는 5월 7일, 평양에 도착한다.

於是賊三路兵皆入京城 城中之民先已散去,
無一人矣。

20

순찰사들이 모두 문인 출신이라

군대 다루는 일을 익히지 않았다.

군사의 수는 많았지만

명령이 제대로 먹히지 않았고

험한 요새를 의지해 싸울 줄도 몰랐다.

"군대 행렬이 봄날에 놀러 나온 것 같으니

어떻게 싸움에 지지 않겠는가."

옛사람이 남긴 말이 참으로 옳았다.

문인 출신의 순찰사

전라도 순찰사 이광은 군사들을 이끌고 서울로 향하다가 선조가 피란했다는 소식을 듣고 그대로 돌아왔다. 싸우지도 않고 돌아왔다는 비난의 목소리가 높아지자, 이광은 다시 군사를 이끌고 나가 충청도 관찰사 윤국형, 경상도 순찰사 김수의 군사들과 합쳤다.

용인에 도착해 적을 발견한 이들은 부하들을 보내어 적의 상황을 살피며 머물렀다. 하지만 날이 저물어 해이해진 우리 군사들이 적의 기습을 받고, 말도 타지 못한 채 잡혀 죽으면서 부대 전체가 흔들렸다. 조선의 군사들이 벌벌 떠는 것을 본 일본군들은 칼을 휘두르며 마음껏 공격했다.

이렇게 6월 6일, 삼도 순찰사의 연합군마저 패하고 만다. 당시 순찰사들은 모두 병무에 익숙지 못한 문인 출신이었다.

時三巡察皆文人, 不閑兵務 軍數雖多,

而號令不一, 且不據險設備 眞古人所謂:

軍行如春遊 安得不敗者也。

21

원래 신각은 김명원을 보좌하는 장수였다.

한강 방어선이 무너지자

김명원의 명령을 거부하고

이양원을 따라 양주로 갔다.

그때 마침 함경남도 병마절도사인 이혼의 부대가

그곳에 왔기에 신각이 군사를 합쳤다.

그리고 적을 맞닥뜨리자 공격해서 격퇴했다.

한양에서 나와 민가를 약탈하던 적들이었다.

적
전

감격적인 첫 승리와 억울한 죽음

온 백성이 목마르게 기다리던 첫 승리였다. 5월 16일, 임진왜란의 첫 승전보를 울린 주인공은 신각이었다. 신각은 신중하고 청렴한 조선의 무인이었다. 하지만 잘못된 장계가 신각의 운명을 결정지었다.

"신각이 제 마음대로 다른 곳으로 가서 명령에 따르지 않았습니다."

임진강에서 올린 김명원의 장계는 있는 그대로 선조에게 보고되었고, 곧 조정에서 신각을 처형하기 위한 선전관이 출발하였다. 그 뒤 신각의 승전 소식이 조정에 올라왔다. 뒤늦게 실수를 깨달은 조정에서는 사람을 보내 선전관을 뒤쫓았지만, 결국 따라잡지 못한다. 조선에 첫 승리를 안긴 신각의 억울한 죽음이었다.

恪初從金命元爲副, 漢江之潰, 恪不從命元,
隨李陽元于楊州 時咸鏡南道兵使李渾兵適至,
恪合兵 遇賊自京城出, 散掠閭閻, 邀擊破之。

22

우리 군사가 달아나면서
순식간에 대열이 무너졌다.
그러자 유극량이 말에서 내려
땅바닥에 주저앉아 외쳤다.
"여기가 내가 죽을 자리로구나."
그가 적군 몇을 활로 쏘고 적의 칼을 받았다.

적
전

어찌 죽음을 두려워하랴

임진강에 도착한 한응인은 적을 무리하게 쫓으려 했다. 먼 곳에서 오느라 지친 병사들은 일단 쉬고 상황을 살피기를 청했다. 그러자 한응인은 가차 없이 병사 몇 명의 목을 베어버렸다. 아무도 이런 한응인을 말리지 못할 때, 별장 유극량이 조용히 나서서 "지금은 군사를 움직이지 않는 편이 낫겠다"고 말하였다. 이에 신할이 베려 하자, 화가 난 유극량이 "죽음은 두렵지 않다"고 소리치며 앞장섰다. 유극량은 전투 경험이 많은 노장이었다. 하지만 험한 곳에서 적의 기습을 받고 결국 병사들과 함께 목숨을 잃었다. 과연 유극량의 말대로 군사를 움직이지 않는 것이 좋았던 것이다.

유극량이 죽은 다음 날인 5월 18일, 임진강 방어선이 무너졌다.

諸軍奔潰 克良下馬坐地曰：

此吾死所也 彎弓射賊數人，爲賊所害。

23

내가 이일에게 말하고 행낭에서

남색 비단 철릭을 찾아 건네주었다.

다른 사람들도 말총으로 짠 갓이나

은으로 장식한 정자와 채색된 갓끈을 구해주어

그럭저럭 새 옷차림이 갖추어졌다.

다만 가죽신을 벗어준 사람이 없어서

여전히 짚신을 신은 채였다.

"비단옷에 짚신이라, 짝이 맞지 않는구려."

내가 웃으며 말했다. 주위 사람도 다들 웃었다.

격
전

『징비록』 속의 유일한 웃음

그 당시 대부분의 장수들은 남쪽으로 향하다 일본군을 맞아 도망치거나, 싸우다 목숨을 잃어 선조를 수행할 사람이 없었다. 더욱이 일본군이 곧 들이닥칠 것이라는 소문에 분위기마저 뒤숭숭했다. 그때 마침 충주 싸움에서 간신히 살아남은 이일이 평양에 도착한다. 비록 싸움에 지고 왔지만 이일은 원래 명성이 자자한 장수였다. 사람들은 이일을 기쁘게 맞이했다.

그런데 몇 번의 싸움에서 패하고 숨어 다니며 도망친 탓에 이일의 행색이 말이 아니었다. 명색이 조선의 장수인 이일을 위해 유성룡은 행낭을 뒤져 옷과 갓 등을 찾아 옷차림을 갖추어주었다. 그러나 가죽신이 없어 짚신은 어쩔 수 없었다. 비단옷에 짚신, 이 어울리지 않는 조합에 『징비록』속의 유일한 유쾌한 장면이 연출되었다. 유성룡도 웃고, 주위 사람들도 웃었다.

余語之曰：… 索行橐, 得藍色紗帖裏,
與之 於是諸宰, 或與駿笠, 或與銀頂子彩纓,
當面改換, 服飾一新, 獨無有脫靴與之者, 猶着草屨 余笑曰：
錦衣草屨, 不相稱矣 左右皆笑。

24

"왜적은 교활하게 속임수를 잘 씁니다.

뒤에 대군을 숨겨두고 있어도

앞서 오는 척후병은 두셋에 불과하지요.

이를 보고 군사의 수가 적다고

가볍게 여겼다가는

반드시 적의 기만술에 당하고 맙니다."

내가 대답했다.

왜적의 척후병

일본이 조선을 침략했다는 것도, 단기간에 북쪽으로 조선의 땅을 점령해 올라왔다는 것도 믿을 수 없었다. 이는 조선뿐 아니라 명나라까지 당황하게 만들었다. 일본군이 평양까지 밀고 올라왔다는 소식을 들은 명나라는 정확한 정보가 맞는지 의심하기에 이르렀다. 6월 초, 명나라는 사태 파악을 위해 임세록을 조선에 파견한다.

은근히 명나라의 원군을 바라고 있었던 선조는 이때다 하고 임세록을 극진히 접대하라며 유성룡을 보낸다. 유성룡은 평양 대동강 가에 위치한 연광정으로 임세록을 데려갔다. 그때 마침 대동강 숲에서 일본군의 척후병 두세 명이 아무렇지도 않은 듯 나타났다 사라졌다 했다.

"왜적의 척후병이 저렇게 적을 수 있단 말이오?"

적은 수의 척후병에 임세록이 놀라자, 유성룡은 교활하고 간사한 일본군의 척후병 전략에 대해 설명해주었다.

余曰：

倭巧詐 雖大兵在後, 而先來 偵探者,

不過數輩 若見其少而忽之, 則必陷於賊術矣。

25

나는 연광정에서 임금이 계신 곳으로 가던 길이었다.

길에서 보니 부녀자와 어린아이까지

화를 내고 소리를 지르고 있었다.

"성을 버리기로 했으면서

왜 우리더러 성 안에 들어오라고 했소?

우리를 적의 손아귀에 넘겨 다 죽일 셈이냐!"

징
비
록

평양 백성들의 분노

온 나라가 쑥대밭이 되고 백성들의 생존이 위협당하고 있는 이때, 한 나라의 왕이, 신하들이 도망을 치려 한다. 성을 버리려 한다는 소문을 들은 평양 백성들은 분노하고 또 분노했다. 특히 성 밖에서 살던 백성들의 분노가 더 컸다. 성을 지킨다는 이유로 자신들을 성 안으로 불러들인 뒤 나가지도 못하게 하더니, 왕과 신하들이 도망칠 준비를 하고 있었기 때문이다.

궁궐 앞에는 온갖 무기를 손에 든 백성들이 가득했다. 곧장 궁 안으로 밀고 들어올 기세였다. 문 밖 계단 위에 서 있던 유성룡은 사태의 심각성을 깨달았다. 유성룡은 수염이 길고 나이 든 한 사람을 불러 말했다.

"그대들의 마음은 충분히 이해하나 소란을 피우는 것은 안 되며, 성을 지킬 것을 약속하겠노라."

유성룡의 말을 들은 그는 몽둥이를 버리고 다른 사람들도 돌려보냈다.

余自練光亭, 赴行宮, 路上見 婦女幼稚,
皆怒髮上指, 相與號呼曰：既欲棄城,
何故給我輩入城, 獨使魚肉於賊手耶。

26

윤두수가 문산의 시 한편을 읊었다.
"내가 칼을 빌려서라도
아첨하는 신하의 목을 베려 하네."
이를 들은 정철이 벌컥 화를 내더니
옷소매를 펄럭이며 나가버렸다.

적

전

유성룡 편을 든 윤두수

서쪽으로 길을 잡은 고니시 유키나가의 군이 시시각각 평양 가까이로 다가오고 있다는 소식을 들은 조정의 신하들은 또다시 피란을 언급한다. 특히 정철이 피란을 강력하게 주장했다. 그러나 유성룡의 생각은 달랐다. 앞에 버티고 있는 강과 나라를 지키겠다는 굳은 결의로 뭉쳐 있는 백성들이 있는 이곳 평양은 서울과 다르다고 생각했다. 유성룡으로서는 나라를 위해 늘 피가 끓었던 정철이 피란을 주장한다는 것이 의외일 뿐이었다.

이때 서인 윤두수가 당파를 넘어 남인 유성룡의 편을 들고 나섰다. 중국 송나라 때의 충신 문산의 시 한 편을 읊으면서 말이다.

尹相詠文山詩，曰：

我欲借劍斬佞臣 寅城大怒，奮袂而起。

27

"저의 늙은 어머니 또한

동쪽으로 피란을 갔다고 합니다.

아마도 강원도나 함경도 사이로 들어갔을 것입니다.

저 역시 개인의 정을 따지자면

어찌 북쪽으로 가고 싶지 않겠습니까.

그러나 국가의 앞날을 계획할 때

신하의 일을 함께 생각할 순 없습니다.

감히 간절히 말씀드립니다."

또다시 피란

결국 조정에서는 평양성을 나가기로 의견이 모아졌다. 그러나 어디로 갈 것인가에 대해서는 서로 말을 아꼈다. 험하고 구석진 곳에 있는 함경북도 쪽이 어떻겠느냐는 의견이 조심스럽게 나왔을 뿐이었다.

명나라의 원군이 꼭 도착할 것이라고 믿고 있던 유성룡은 평양을 떠나는 것도 모자라 나라의 가장 북쪽 깊은 골짜기로 들어간다는 것은 곧 나라의 멸망을 의미한다고 생각했다. 유성룡은 암담한 나라의 앞날에 목이 메었다. 그는 눈물을 흘리며 함경도로의 피란을 간절하게 반대했다.

亦聞東出避亂。雖不知在處, 而必流入於江原 咸鏡之間 臣亦以私計言之,
則豈無向北之情哉. 只以國家天計, 不與人臣同,
故敢此懇陳耳。

28

내가 이유징에게 화를 내며 말했다.

"나라에서 녹봉을 받아먹는 이는

어떤 어려움도 피하지 않는 것이 신하 된 의리일세.

지금 나랏일이 위급해서

끓는 물속에라도 뛰어들어야 할 판인데

이 정도 일을 못한단 말인가?"

그는 아무 말이 없었지만

원망하는 기색을 지우지 않았다.

징
전

나라의 녹을 먹는 자의 책임

유성룡의 눈물 어린 간청에도 불구하고 6월 11일, 결국 선조는 평양성을 떠났다. 논의 끝에 평안북도 영변으로 방향을 잡았다. 정철, 유홍 등은 선조를 따라갔고, 윤두수, 유성룡 등은 머물렀다. 선조의 명령에 따라 오직 명나라 장수를 접대하기 위해 머물렀던 유성룡은 군사에는 관여할 수 없었다.

하지만 도저히 그냥 있을 수가 없었던 유성룡은 계책이 뛰어난 병조정랑 이유징이라도 보내어 군사 지원을 하려고 했다. 그러자 이유징이 깜짝 놀라며 말했다.

"그 위험한 적의 소굴로 어떻게 가라고 하십니까?"

이유징의 이런 반응은 유성룡의 꾸지람을 불렀다. 이유징은 더 이상 대꾸하지 못하고 원망스러운 표정을 짓는 것으로 상황을 모면한다.

6월 15일, 평양성이 무너졌다.

余責之曰：

食祿不避難, 臣子之義。

今國事危急如此, 雖湯火不可避,

顧以此一行爲難乎 幼澄默然, 有恨色。

청풍의 한벽루에서 묵다

지는 달 어렴풋이 먼 마을로 내리고
까마귀 모두 날아가 가을 강만 푸르다.
누각에 들었으나 나는 잠들지 못하고
하룻밤 내내 서릿바람 낙엽 소리만 들려
두 해 동안 전쟁터를 떠돌다 보니
온갖 계책 끝도 없어 머리만 희어졌구나.
가는 눈물 두어 줄기 한없이 흐르는데
난간에 위태로이 기대 북극만 쳐다본다.

1593년 6월, 병으로 누웠다가 가까스로 일어난 유성룡은 다시 전장으로 향하는
중이었다. 임금은 국경 근처로 몸을 피했고 나라의 운명은 위태롭게 흔들리고
있었다. 충북 제천에 자리한 청풍의 한벽루를 지나던 유성룡은 잠을 이루지 못
한다.
유성룡의 착잡한 마음이 그대로 드러나 있는 이 시는 『서애집』 제1권에 실려 있
다. 『서애집』은 유성룡의 시문집이다. 유성룡이 세상을 떠난 후 1633년 막내아
들 유진(柳袗)이 펴냈다.

宿清風寒碧樓

落月微微下遠村
寒鴉飛盡秋江碧
樓中宿客不成眠
一夜霜風聞落木
二年飄泊干戈際
萬計悠悠頭雪白
袁淚無端數行下
起向危欄瞻北極

29

"그대는 급히 귀성으로 가서

숨어 있는 사람들에게 말하게.

'적이 평양에 틀어박혀 있지만

명나라 군대가 와서 평양을 수복할 날이 멀지 않았다.

다만 군량미가 걱정이니

너희가 관리든, 아전이든 상관없이 힘을 다하여

군량미를 옮겨준다면

나중에 반드시 큰 상이 내릴 것이다.'"

군량미를 옮긴 홍종록

1589년 권력의 중심에서 물러난 정여립이 반란을 일으키려 한다는 이유로 고발당했다. 이 일은 엄청난 회오리바람을 몰고 왔다. 정여립과 조금이라도 관련된 사람들이 체포되면서 수많은 사람이 희생당한다. 홍종록도 이 기축옥사에 휘말려 귀성으로 귀양을 갔다. 힘든 시간을 보낸 홍종록은 평양에서 피란 중인 선조에게 지난 죄를 용서받았다.

홍종록은 나라를 위해 자신의 목숨까지 바칠 정도로 충성스러운 사람이었다. 이를 잘 알고 있던 유성룡은 홍종록에게 군량미 공급의 중책을 맡긴다. 군량미 확보와 운반을 위한 유성룡의 노력은 홍종록에게 이어졌다. 홍종록은 오랫동안 귀성에 있었던 장점을 충분히 살렸다. 그는 귀성 관민들의 도움을 얻어 많은 군량미를 정주, 가산 등으로 운반해 큰 공을 세운다.

君從此急去龜城 諭之曰:

賊入平壤, 尚不出, 天兵方大至 收復不遠 所患一路 糧餉不足耳。

爾輩無論品官人吏, 悉一境之力, 輸運軍糧, 不乏軍興,

則後日必有重賞。

30

다행히 평양에 들어간 왜적은

몇 개월 동안 성 안에만 머무르고 순안이나 영유같이

코앞에 있는 마을도 침범하지 않았다.

이렇게 되니 차츰 민심이 안정되고,

명나라 군대가 오기 전까지

전쟁의 피해를 수습할 수 있었다.

나라가 회복할 수 있었으나

이는 하늘이 도운 것이지

사람의 힘으로 이룬 것이 아니었다.

하늘이 돕다

명나라의 병부상서 석성을 만난 조선의 사신 신점은 소리 내어 울기 시작했다. 신점은 임진왜란이 일어나기 전인 1591년 겨울, 명나라에 머물던 사신이었다. 임진왜란이 일어나자 조선의 사정을 짐작한 신점은 아침저녁으로 석성을 찾아 소리 높여 슬피 울며 조선에 구원병을 파견해달라고 요청한다. 나이 60을 넘긴 늙은 사신의 간청은 석성의 마음을 움직였다.

6월 22일, 선조는 의주에 도착했고, 일본군은 이미 임진강을 넘어 평양까지 무너뜨렸다. 이러한 상황에서 압록강도 안전하지 못하다는 생각에 선조는 마음이 더 급해졌다. 그런데 일본군은 평양성에 틀어박혀 몇 개월을 흘려보낸다. 12월 명나라의 대규모 원군이 도착할 때까지 약 6개월 동안이었다.

조선이 민심을 수습하고 남은 군사들을 재정비해 명나라의 구원병을 맞아들일 시간을 벌어준 것이다. 이는 참으로 하늘이 도운 것이라고 유성룡은 말한다.

幸賊旣入平壤, 歛跡城中, 延至數月,
雖順安永柔, 去平壤咫尺, 而猶不來犯,
以此人心稍定 收拾餘燼 導迎天兵 終致恢復之功, 此實天也。
非人力之所至也。

31

"국가가 평소에 너희들을 보살핀 이유가

오늘 같은 때에 쓰려는 것인데

어떻게 모두 도망친단 말이냐.

명나라 군대가 도착해서 일이 급하니,

이때야말로 너희들이 나서서 공을 세울 때이다."

내가 달래며 말했다.

유성룡의 타이름

1592년 7월 무렵 유성룡은 몸이 좋지 않아 자리에서 일어나기도 힘들었다. 7일에는 간신히 선조 앞에 나아가 군량 확보에 대하여 보고했다. 자리에서 물러나온 유성룡은 아픈 몸을 이끌고 소관역으로 출발한다. 내의원 용운이 성문 밖까지 나와 눈물을 흘리며 그를 배웅했다. 유성룡이 진문령 고개를 넘도록 내의원의 울음소리가 그치지 않았다.

그날 저녁 유성룡이 소관역에 도착했을 때에는 군사도, 백성도 찾아볼 수 없었다. 군관이 겨우 몇 사람을 데려오자, 유성룡은 그들의 이름을 공책에 적은 뒤 훗날에 공과 죄를 논하겠다고 타일렀다. 이 방법은 사람들의 마음과 몸을 움직이는 데 효과가 있었다. 그 뒤 유성룡은 백성들을 몰아세우기보다는 부드럽게 타이르면서 어려움을 헤쳐나갔다.

余勉諭曰:

國家平日, 撫養汝輩, 用在今日 何忍逃避。

且天兵方至 國事正急, 此乃汝輩 效勞立功之秋也。

32

"공께선 임금의 명령으로 수군절도사가 되었습니다.

지금 수군을 버리고 육지에 상륙한다면

나중에 조정에서 죄를 따질 때

무어라 변명하시겠습니까?

전라도에 구원병을 요청하여 한 번 싸워보고,

그래도 진다면 그때 도망쳐도 늦지 않습니다."

이영남이 충고했다.

적
전

원균을 일깨워준 이영남

1592년 4월, 일본군이 바다를 건너 육지에 오르는 모습을 처음 본 원균은 일본군의 거대한 규모에 놀라 정신을 잃을 지경이었다. 그는 일본군에 맞서 싸우기는커녕 약 100여 척의 배를 버리고, 화포 등의 무기를 바다 속에 던져버리고는 급히 달아났다. 장수가 도망치자 1만여 명의 수군도 뿔뿔이 흩어져버렸다.

이런 원균을 본 이영남이 원균에게 임금의 명을 받들어 수군을 이끌어야 하는 수군절도사의 위치와 역할을 일깨워주었다. 원균의 귀에는 전라도에 구원병을 요청하라는 말만 들어왔다. 원균은 좋은 생각이라며 이순신에게 구원을 요청한다. 나중에 이영남은 이순신 휘하에서 해전에 참전해 공을 세운다. 그리고 이순신의 마지막 싸움인 노량해전에서 일본군을 뒤쫓다가 전사한다.

英男諫曰：

公受命, 爲水軍節度 今棄軍下陸,

後日朝廷按罪, 何以自解。

不如請兵於全羅道, 與賊一戰, 不勝然後, 逃未晚也。

33

"일본 수군 10여만이

또 서해를 통해 올라올 것입니다.

조선 임금께서 이제

어디로 가실지 모르겠습니다."

앞서 적장 고니시 유키나가가 평양에 도착하여

보낸 글 중에 이런 대목이 있었다.

고니시 유키나가의 조롱

평양성에 다다른 고니시 유키나가는 조선 진영에 이와 같은 글을 써서 보냈다. 한 나라의 왕을 조롱하는 글이었다. 전쟁을 피해 도망만 다니는 선조를 대놓고 비아냥대는 글이었다.

일본의 원래 계획은 수군과 육군이 함께 서쪽을 공략하는 것이었다. 그러나 수군이 이순신에게 패하면서 계획대로 진행되지 않았다. 평양성을 손에 넣고 기세등등했던 고니시 유키나가였지만, 지원군이 사라지자 더 이상 앞으로 나아갈 수 없었다.

이 모든 것이 이순신 덕분이었다. 이순신이 조선의 바다를 지킨 결과였다. 유성룡은 이 또한 하늘의 도움이라고 생각했다.

先是, 賊將平行長到平壤, 投書曰 :

日本舟師十餘萬 又從西海來, 未知大王龍御, 自此何之。

34

물러나던 적들이 웅치고개에 다다르자

전날 싸웠던 우리 군사들의 시체를 거두어

길가에 큰 무덤을 만들었다.

그리고 나무로 비를 세운 뒤, "충성스럽고 정의로웠던

조선 군사들의 복을 빈다"고 적어놓았다.

조선군의 치열했던 저항을 기린 것이다.

이 싸움 덕에 전라도는 적의 침략에서 벗어났다.

웅치고개의 나무 비

평화롭던 전라도의 웅치고개에 커다란 목책이 세워지고 무거운 긴장감이 감돌
았다. 일본군이 전라도를 침범하자 김제 군수 정담과 해남 현감 변응정이 나섰
다. 이들은 1,000여 명의 군사들과 함께 웅치고개에 목책을 만들고 산길을 끊어
일본군이 오는 길을 가로막았다.

얼마 후 수만 명의 일본군이 웅치고개로 몰려들었다. 맹렬한 싸움은 아침부터
저녁까지 계속되었다. 거의 200명밖에 남지 않았을 때 일본군은 물러서는 듯하
다가 밤에 다시 쳐들어왔다. 일본군들은 조선의 군사들을 포위하고는 항복하라
고 외쳤지만, 조선의 군사들은 화살마저 다 떨어진 상황에서도 끝까지 물러나지
않았다. 먼저 정담이 쓰러졌고, 뒤이어 변응정이 쓰러졌다. 남은 군사들도 하나
둘 쓰러져갔다.

치열한 전투를 끝내고 물러가던 일본군들은 이들의 시신을 모아 묻어주고 나무
비를 세웠다. 정담과 변응정, 그리고 수많은 이름 없는 군사들의 충의는 적군마
저 감동시킨 것이다.

悉聚熊嶺戰死者屍, 埋路邊, 作數天塚, 立木其上, 署曰：
弔朝鮮國忠肝義膽 蓋嘉其力戰也 由是全羅一道獨全。

35

심유경이 웃으며 말했다.

"저들이 어떻게 나를 죽이겠소?"

유격장군 심유경

"염소 떼가 호랑이를 치는구나."

7월 17일, 평양성 싸움에서 명나라 장수 조승훈이 패하고 돌아가자 일본은 명나라 군대를 염소에 비유하며 비웃는 글을 보냈다. 그 뒤 9월에 유격장군 심유경이 명나라에서 파견되었다. 유격장군이라는 칭호는 일본군의 속마음을 떠보기 위해 거짓으로 붙인 것이다.

그 당시 일본군은 기세등등하고 더할 수 없이 잔인하여 누구도 선뜻 접촉할 엄두를 내지 못했다. 그러나 심유경은 아랑곳하지 않고 일본에게 전쟁을 일으킨 이유를 직접적으로 묻는 내용의 편지를 노란 보자기에 싸서 보냈다. 그리고 만나서 협의하자는 일본 측의 답장에 흔쾌히 나섰다. 주위 사람들은 걱정스러워하며 말렸지만 심유경은 별 신경을 쓰지 않았다.

심유경이 평양성에 도착하자, 줄지어 늘어선 일본군 대열이 그를 맞이했다. 심유경은 번뜩이는 일본군의 창칼 사이로 얼굴빛 하나 변하지 않고 태연히 걸어 들어갔다.

惟敬笑曰：彼焉能害我也。

반전

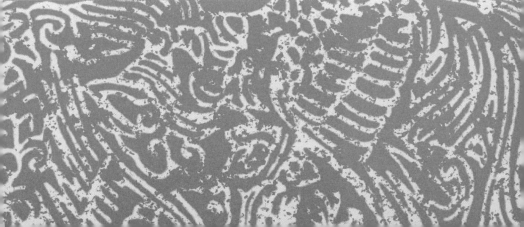

36

고경명은 어른이 되어 고이순이라 불렀는데,

고맹영의 아들로 글재주가 있었다.

지방의 군사를 이끌고 여러 고을을 다니며

왜적과 싸우다 전사했다.

그러자 그의 아들 고종후가 남은 군대를 이끌고

다시 '복수군'을 결성했다.

반

진

백성들이 들고일어나다

의병은 일본이 전혀 예상하지 못한 변수였다. 백성들이 아무 대가도 없이 자기 목숨을 바쳐 나라를 위해 싸운다는 것은 일본으로서는 상상할 수 없는 일이었다. 사실 일본은 조선 백성들에게 농사를 짓게 해 군량미를 조달할 계획까지 세우고 있었다. 그런데 조선의 백성들은 일본군의 발아래 엎드리기는커녕 의로운 군대가 되어 일본에 맞서고 있었다.

무능한 조정의 대처로 일본군에 의해 온 나라가 짓밟히고, 죄 없는 사람들이 죽임을 당하자 조선의 백성들은 떨쳐 일어났다. 천민이든, 양반이든 모두 나라를 구하겠다는 한가지 마음뿐이었다. 자신이 태어나고 자란 고향에서, 관련 있는 다른 지역까지, 때로는 자신만의 힘으로, 때로는 관군과 힘을 합쳐 일본군에 맞서 싸웠다.

敬命字而順，孟英之子，有文才，
亦率鄉兵，移檄郡縣討賊，與賊戰敗死。
其子從厚，代領其衆，名曰：復讐軍。

시를 지어 송운대사에게 주다

어렵게 관문 밖에서 왔는데
다시금 호남으로 돌아가오.
노를 치는 그대 마음 벌써 굳세건만
산으로 돌아가는 꿈 다시 멀어졌구려.
가을바람 때마침 야단스러워
가는 길 여전히 지체되진 않을 테니
힘 다해 뛰어난 공을 세운다면
어찌 잠깐의 헤어짐 아쉬워만 하겠소.

반
전

송운은 승군장 유정의 호로. 이 시는 승병을 이끌고 전장으로 떠나는 유정을 위
한 시이다. 유성룡은 나라를 구하려는 유정의 뜨거운 마음을 '노를 치는 마음'에
비유하였다. '노를 치는 마음'은 당나라 때 펴낸 진나라의 역사책인 『진서』의 「조
적전」에 나오는 표현으로, 강을 건널 때 노를 치며 천하를 평정할 뜻을 세운다는
의미이다. 이 시는 『서애집』 별집 제1권에 실려 있다.

次贈松雲師

纔從關外至
更向湖南歸
擊楫心猶壯
還山夢亦稀
秋風吹正急
征袂未應遲
努力奇功建
何須惜暫違

37

내가 안주에 머무를 때

다 같이 의병을 일으켜 나라를 구하라는 공문을

사방으로 띄운 적이 있었는데,

그 글이 금강산까지 들어갔다.

유정이 이를 불상 앞에 올려놓고

승려들과 함께 읽으며 눈물을 흘렸다.

뜨거운 불심으로

일본군이 금강산의 표훈사라는 절에까지 들어갔을 때의 일이다. 다른 승려들은
모두 도망쳤지만, 한 승려만은 그 자리에서 움직이지 않았다. 그 모습을 본 일본
군은 감히 다가가지 못하고 오히려 두 손 모아 합장을 하고 돌아섰다.

그가 바로 승려 유정이다. 유정은 묘향산의 스승 서산대사 휴정, 처영, 의엄 등과
함께 승군을 일으켜 일본군에 대항한 대표적인 승병장이다.

승려가 전쟁터에 나가 사람을 죽인다. 이러한 행동은 살생을 금하는 불교의 교
리에 어긋나는 일이다. 하지만 일본군의 침략으로 나라가 위기에 처한 이때, 승
려들도 들고일어날 수밖에 없었다. 힘없이 쓰러져가는 이 땅의 중생을 구하라는
것, 그것이 그 당시 부처의 가르침이었는지도 모른다.

余在安州 移文四方, 使各起兵赴難,
文至山中, 惟政展佛卓上, 呼諸僧 讀之流涕。

38

안주성 밖에서 김순량의 목을 베었다.

얼마 뒤 명나라 군대가 도착했지만

적이 이를 알지 못했다.

김순량 같은 간첩들이

놀라서 흩어져버렸기 때문이다.

반
전

간첩을 잡아들이다

오늘날의 전쟁 못지않게 임진왜란도 정보 전쟁이었다. 다양한 간첩들이 활동하는 스파이 전쟁이었다. 유성룡이 처음 간첩의 존재를 알게 된 것은 김순량이라는 강서 군인 때문이었다.

12월 2일, 유성룡은 안주에서 수군장 김억추에게 적을 공격하라는 내용의 전령을 보냈다. 전령을 받은 지 6일 이내에 돌려보내라는 내용도 덧붙였다. 하지만 아무리 기다려도 전령은 돌아오지 않았다. 어찌 된 일인지 알아보았더니 진작에 김순량에게 보냈다는 것이다.

즉시 김순량을 잡아들여 추궁한 끝에 적의 간첩이라는 자백을 받아냈다. 뒤이어 김순량은 놀라운 사실을 고한다. 활동하고 있는 간첩의 수가 40명이 넘는다는 것이다. 그렇게 하여 대대적인 간첩 색출 작전이 벌어졌다.

斬順良於城外。

不久, 天兵至, 而賊不知, 蓋其類駭散故耳。

39

이렇게 되었다면 명나라 군대가

천천히 나아가 부산에서 술잔치를 벌이고,

온 나라의 왜적이 순식간에 사라졌을 것이다.

어찌 이후 몇 년 동안 힘겹게 싸워야 했겠는가.

한 사람의 잘못 때문에

천하의 일이 어그러졌으니

참으로 가슴 아프고 아쉬운 일이다.

반
전

기회를 놓치다

1593년 1월 9일, 평양성 싸움에서 패하여 도망치는 일본군은 굶주리고 지쳐 대항할 수도 없는 상태였다. 이때야말로 일본군을 완전히 몰아낼 수 있는 기회라고 생각한 유성룡은 황해도 방어사 이시언과 김경로에게 일본군이 후퇴하는 길목을 막고 공격할 것을 지시한다. 오직 두 장수가 잘 해내주기만을 바랄 뿐이었다. 그러나 일본군과 맞붙어 싸우고 싶지 않았던 김경로는 머뭇거리며 늦게 떠난다. 오직 이시언만이 일본군을 뒤쫓아 뒤에 처진 몇 명만 잡았을 뿐 우리 군사도, 명나라 군사도 패하여 도주하는 일본군을 공격하지 않았다.

만일 그때 우리 군사가 일본군을 공격해 장수들을 사로잡았다면…… 그랬다면 전쟁의 흐름은 단번에 달라졌을 것이다. 온 나라 안의 일본군을 쓸어버릴 절호의 기회를 놓쳤다는 생각에 유성룡은 안타깝고 또 안타까웠다.

天兵鳴鼓徐行, 直至釜山, 痛飲而已,

俄頃之間, 海岱肅淸, 安有數年之紛紛哉。

一夫不如意, 事關天下, 良可痛惜。

40

1593년 1월 24일,

적이 한양 안의 백성을 모두 죽이고

건물을 다 불태워버렸다.

한양의 백성이 안에서 밖의 아군을

도울까 의심 간 까닭이나

실은 평양전투에서 패배한 데 대한 분풀이였다.

반
전

짓밟히는 조선의 땅과 백성

1월 9일, 조선과 명나라 연합군은 평양성을 되찾았다. 일본군에게 빼앗긴 지 7개월 만에 되찾은 것이다. 고니시 유키나가의 일본군은 이여송이 열어준 퇴로로 평양성을 빠져나와 후퇴했다. 조선이 평양성을 되찾자 대동강 이남에 있던 일본군은 모두 도망쳤다.

일본군들은 서울에 집결하여 다음 전투에 대비했다. 서울로 도망친 일본군들은 마음이 다급해졌다. 전쟁을 시작한 이래 일본군 최대의 위기였다. 이에 일본군은 죄 없는 조선 백성을 죽이고, 건물들을 불태우면서 패전에 대한 분풀이를 했다. 조선의 백성과 땅은 일본군의 무력 앞에서 짓밟히고 있었다.

正月二十四日,
賊疑我民爲之內應,
且忿平壤之敗, 盡殺京城中民庶,
焚燒公私閭舍殆盡。

41

나는 힘을 다해 싸우자고 주장했다.

"이기고 지는 일은 전쟁에서

흔히 일어나는 일입니다.

형세를 살펴서 다시 진격하면 될 것을

한 번 졌다고 쉽게 물러나려 하십니까."

반
전

명나라 제독에게 고함

유성룡의 재촉에도 계속 머뭇거리던 이여송은 겨우 파주에 이르렀다. 그곳에서 정찰에 나선 명나라 선봉장 부총병 사대수와 조선 장수 고언백은 일본군의 정찰대와 싸워 약 100여 명의 목을 베는 성과를 올린다. 이 보고를 받고 적을 쉽게 본 이여송은 홀로 기병 1,000여 명을 거느리고 달려나갔다.

그런데 쏜살같이 달려가던 이여송의 말이 고개를 넘다가 풀썩 무릎을 꿇었다. 그리고 이여송은 말에서 떨어져 나동그라졌다. 깜짝 놀란 부하들이 이여송을 일으켜 세워 다시 말에 태웠다. 좋지 않은 징조였다. 아니나 다를까, 고개 너머에 숨어 있던 수만 명의 일본군들이 모습을 드러냈다. 1월 27일 벽제관전투에서 벌어진 일이다.

패전의 충격과 아끼던 부하들의 죽음 앞에 크게 기가 꺾인 이여송은 다음 날 동파로 후퇴하려 한다. 이여송을 독려하며 진군시키기 위해 애쓰던 유성룡은 서둘러 그를 찾았다. 그러고는 온화한 표정을 지으며 물러서지 말 것을 강조했다.

余力爭曰：

勝負兵家常事。

當觀勢更進，奈何輕動。

42

하루는 명나라 장군들이 군량미가 떨어졌다는

구실로 제독에게 철군을 주장하였다.

제독이 화를 내며 나와 호조판서 이성중,

경기좌감사 이정형을 불러 뜰아래에 꿇어앉혔다.

그리고 큰소리를 내며

우리를 군법으로 다스리고자 했다.

나는 끊임없이 고개를 조아리며 사죄했다.

나라꼴이 어쩌다 이 지경에 이르렀나 하는 생각에

눈물이 쉼 없이 흘러내리는 것도 알지 못했다.

반
전

한 나라 최고 재상의 눈물

이여송은 열심히 싸울 생각이 전혀 없었다. 어떻게든 뒤로 물러날 궁리만 했다. 심지어 날씨 탓을 하기도 했다. 비가 많이 와서 땅이 질어 대군이 머무르기 힘들다는 것이었다.

이번에는 이여송 휘하 장수들이 군량이 바닥났다는 이유를 대며 퇴군을 주장하자, 이여송이 조선의 재상들을 불러들여 꿇어앉히고 문책하기 시작했다. 유성룡은 이 어이없는 상황에서도 눈물을 흘리며 사죄했다. 나라를 구하기 위해서라면 한 나라의 최고 재상이라는 지위 따위 아무래도 상관없었다.

유성룡의 눈물을 본 이여송은 조금은 미안했는지, "고작 하루 이틀 양식이 떨어졌다고 퇴군을 주장하느냐?"며 소리를 질렀다. "적을 모두 무찌르기 전에는 결코 돌아가지 않겠다"는 비장한 각오까지 덧붙여가며 말이다.

一日 諸將以糧盡爲辭,
請提督旋師 提督怒呼 余及戶曹判書李誠中,
京畿左監司李廷馨, 跪庭下, 大聲詬責,
欲加以軍法 余催謝不已, 因念國事至此, 不覺流涕。

43

권율은 명나라 군대가 이제 곧 한양에 들어온다는

소식을 듣고, 한강을 건너 행주산성에 진을 쳤다.

이를 알고 적의 대군이

한양에서 몰려나와 행주산성을 공격했다.

성의 병사들 가운데 두려움이 솟구쳐 도망치고자

하는 이도 있었으나 뒤를 한강이 막고 있어

달아날 길이 없었다. 할 수 없이 병사들이

성으로 돌아와 목숨을 걸고 싸웠다.

반
전

행주산성과 권율

권율은 들판에서 일본군과 맞서 싸우는 것은 지기로 작정한 것과 같다는 사실을
알았다. 일본군들은 견고한 성은 함부로 공격하지 못했다. 권율은 견고한 성의
장점과 기지로 지켜낸 수원 독성산성에서의 경험을 떠올린다.

1592년 12월, 권율은 독성산성에 진을 치고 대군을 주둔시켰다. 독성산성은 견
고한 성이었으나 단 한 가지, 물이 부족한 것이 흠이었다. 하지만 흰쌀을 끼얹어
말을 목욕시키는 것처럼 보이게 하자, 일본군은 물이 풍부한 줄 알고 물러갔다.

그때의 기억을 떠올리며, 무엇보다 견고한 성에 진을 치는 것이 중요하다고 생
각한 권율은 이번에도 행주산성에 진을 쳤다. 행주산성은 견고할뿐더러 뒤가 강
물이어서 병사들의 마음을 다잡기에도 좋았다.

1593년 2월 12일, 일본군은 셋으로 나누어 행주산성을 공격했으나, 권율과 병사
들은 번번이 그들을 물리쳤다. 날이 저물자 일본군은 포기하고 돌아갔다.

及聞天兵將入京城, 渡江陣于幸州山城。

至是, 賊從京城大出攻之, 軍中洶懼欲散 而江水在後, 無走路,

不得已還 入城力戰。

44

총병 사대수는 마산 가는 길에

죽은 어미젖을 빠는 아기를 보고,

거두어서 군대에서 길렀다.

그가 나에게 말했다.

"왜적은 물러가지도 않았는데,

백성들의 처지가 이 같으니 앞으로 어떡합니까?"

이어 한숨을 내쉬며 말을 덧붙였다.

"하늘이 울고 땅이 슬퍼할 일입니다."

그 말을 듣자 저절로 눈물이 흘렀다.

잠 못 드는 밤

유성룡이 동파에 머물고 있다는 소식이 전해지자 성 안의 굶주린 백성들이 수없이 모여들었다. 그 무렵 군량미 때문에 한 톨의 곡식도 함부로 사용할 수 없었지만, 유성룡은 굶어 죽어가는 백성들을 가만히 보고만 있을 수 없었다. 그는 때맞춰 남쪽에서 올라온 곡식을 굶주린 백성들에게 나누어주기로 한다. 먼저 솔잎을 따다 가루를 낸 뒤 이 솔잎가루에 쌀가루를 섞어 물에 타서 마시게 했지만, 여전히 식량은 턱없이 부족했다.

큰비까지 내리던 어느 깊은 밤, 유성룡의 거처 주위에는 굶주린 백성들의 신음소리가 끊이지 않았다. 유성룡도 밤새 잠들지 못하였다.

查總兵, 於馬山路中, 見小兒匍匐, 飲死母乳, 哀而收之, 育於軍中 謂余曰：
倭賊未退, 而人民如此 將奈何。乃嘆息曰：
天愁地慘矣。余聞之。不覺流涕。

45

내가 제독에게 글을 보내 주장했다.

"강화를 맺는 것은 좋은 계책이 아닙니다.

그들을 공격하는 게 낫습니다."

"내가 처음에 했던 생각도 그대와 같습니다."

제독이 이런 답을 보내왔지만

처음부터 내 말을 들을 마음이 없었다.

반
전

강화를 맺는다는 것

"적들이 강화하려는 뜻이 있는 듯하옵니다."

김천일 휘하의 부하가 서울로 숨어 들어가 일본군의 상황을 알아보고 올린 보고였다. 그 예상대로 강화를 청하는 일본군의 서한이 전해졌다. 평양에 머물던 제독은 심유경을 다시 불렀다. 심유경은 적진에 들어가지 않는 것이 좋을 듯하다는 주위의 만류를 이번에도 듣지 않았다.

3월 8일, 심유경은 서울로 들어가 일본군에게 후퇴할 것을 권유하며, 붙잡힌 왕자와 수행원을 돌려보내고 부산으로 물러가면 강화하겠다는 내용을 전했다. 일본군은 순순히 제안을 받아들였다.

강화만이 최선이 아님을, 지금은 어서 공격해야 할 시점이라는 생각에 유성룡의 마음은 타들어갔다.

余呈文提督，極言：

和好非計 不如擊之 提督批示曰：此先得我心之所同然者。

然無聽用意。

46

4월 20일, 한양을 되찾았다.

명나라 군대가 성으로 들어왔고,

이여송 제독은 소공주댁*에 머물렀다.

적은 하루 전에 이미 성을 빠져나갔다.

나도 군대를 따라 성에 들어갔는데

살아남은 백성이 100에 하나도 안 되었다.

그마저도 모두 굶주리고 파리해서

얼굴빛이 귀신같았다.

반
전

* 후에 남쪽 별궁으로 불렀다.

죽음의 도시

서울은 수복되었지만 조선의 백성까지, 땅까지 수복된 것은 아니었다. 유성룡이 목격한 서울은 평화롭고 번화한 조선의 수도 서울이 아니었다. 죽음의 도시일 뿐이었다. 서울이 수복된 4월 20일은 뜨거운 햇볕이 내리쬐는 무더운 날씨였다. 이 무더운 날씨보다 더욱 강렬한 죽음의 냄새가 실려왔다. 성 안은 죽은 사람과 죽은 말의 썩는 냄새로 가득했다.

건물도 살아남지 못했다. 일본군이 머물렀던 지역의 건물만 조금 남아 있을 뿐 종묘도, 대궐도, 종루도 모두 사라져버렸다. 잿더미만 수북했다. 이 참담한 서울의 풍경에 유성룡은 한 걸음도 떼기 힘들었다. 그는 종묘가 있던 자리에 엎드려 하염없이 통곡했다.

四月二十日，京城復，

天兵入城，李提督館於小公主宅〔後稱南別宮〕，

前一日，賊已出城矣。

余隨入城，見城中遺民，百不一存，

其存者，皆飢羸疲困，面色如鬼。

47

다음 날 아침 다시 제독을 찾아가

안부를 물은 뒤에 말했다.

"왜적이 겨우 물러났으나

아직 멀리 가지 못했을 것입니다.

군사를 보내 빨리 추격해주십시오."

"나도 그러고 싶지만 한강에 배가 없으니

추격을 서두를 수가 없소."

제독이 답했다.

발병이 나서 돌아가다

서울을 수복한 다음 날 아침, 통곡과 눈물로 밤을 지샌 유성룡은 제독을 찾아갔다. 어서 군사를 일으켜 멀리 가지 못한 일본군을 추격해달라는 청을 하기 위해서였다. 제독은 고개를 끄덕이며 알겠다고 대답하면서도 한강에 배가 없다는 핑계를 댔다.

유성룡은 제독의 거처를 나온 즉시 한강으로 향했다. 그러고는 한강에 80여 척의 배를 모아놓고 제독에게 배가 준비되었음을 알렸다. 잠시 후 영장 이여백이 약 1만 명의 군사를 이끌고 나와 군사들에게 강을 건너라고 명령했다. 도강 중해가 저물었는데 절반쯤 건넜을 무렵, 갑자기 이여백이 가마를 타더니 강을 건넜던 군사들마저 되돌려 성 안으로 돌아갔다. 이유는 이여백이 '발병이 났기' 때문으로, 이는 싸울 생각이 없으면서도 유성룡의 뜻을 대놓고 거절하기 어려웠던 제독의 거짓 행동이었다.

급기야 4월 23일, 유성룡은 병으로 자리에 누웠다.

明朝, 更詣提督門下, 問起居, 且言：

賊兵纔退, 去此應不遠 願發軍急追。

提督曰：吾意固然。所以不急追者, 以漢江無船故耳。

효릉 가는 길에서

해는 지고 가을바람 마름 풀을 흔드니
강가 걷는 사내의 눈물 수건을 적시네.
구름 산 끝도 없이 도성을 둘렀건만
들판의 나무만 하늘에 닿아 사람이 보이지 않아.
하늘이 두 서울을 두어 한나라를 도우니
초나라에 세 집만 남아도 진나라를 무너뜨린다 했던가.
머리 희끗해진 글쟁이 정말 쓸모없지만
상자 속 용천검도 때 만나 쓰일 때 있으리.

1594년 5~7월쯤 유성룡은 임금의 명을 받들어 효릉을 살피러 갔다. 왜적들이
휩쓸고 간 한강 주변을 바라보니, 벌판은 텅 비어 있고 사람의 흔적조차 찾을 수
없었다. 그러나 유성룡은 마음을 굳게 먹는다. 겨우 세 집만 남은 초나라가 진
나라를 무너뜨릴 수 있는 것처럼 조선도 끝내 왜적을 물리칠 수 있다고 말이다.
『서애집』 별집 제1권에 실려 있는 시이다.

孝陵道中有感

落日秋風動白蘋
江頭行客淚沾巾
雲山極目空圍國
野樹連天不見人
天啓兩京方佑漢
楚餘三戶可亡秦
書生白首眞無用
匣裡龍泉會有神

48

적들이 이때를 놓치지 않고 공격하자

우리 병사들이 순식간에 무너졌다.

김천일이 촉석루에서 이 모습을 지켜보다가

최경회의 손을 붙잡고 슬피 울더니

함께 강물에 몸을 던졌다.

진주성 싸움

일본군은 여덟 개의 거대한 비루를 세워놓고 진주성을 노리고 있었다. 여차하면 비루를 성벽에 기대놓고 성을 기어오를 기세였다.

드디어 일본군의 공격이 시작되었다. 일본군은 성 밖에서 베어온 대나무를 촘촘히 세워 날아오는 돌과 화살을 막고, 이를 방패 삼아 조총을 쏘아댔다.

진주성은 원래 험준한 지형으로 둘러싸여 있었지만, 임진년에 동쪽으로 옮겨 평지에 쌓았다. 남강 가에 자리 잡은 이 아름다운 성에서 임진왜란 때 두 번의 큰 전투가 벌어졌다. 1592년 10월 첫 번째 싸움에서 조선은 일본군의 공격에 맞서 승리를 거두었지만, 1593년 6월 두 번째 전투에서는 처절하게 무너졌다.

두 번째 전투는 임진왜란 최대의 격전이자, 첫 번째 전투의 패배에 대한 일본군의 잔인한 설욕전이었다.

賊在山上 望見軍潰, 一擁而登, 諸軍大亂 千鎰在矗石樓,
與崔慶會携手痛哭, 赴江死。

49

판중추부사 정탁만이 홀로 주장했다.

"이순신은 명장이니 죽이면 안 됩니다.

군사 전략은 먼 곳에서 판단하기 어렵습니다.

그가 나가 싸우지 않은 데는

반드시 이유가 있을 것입니다.

너그럽게 용서하시어 훗날에 대비하십시오."

이순신을 살린 정탁

진주성 싸움 이후 명나라와 일본의 강화 회담이 진행되면서 임진왜란은 약 4년
동안 소강상태로 접어들었다. 그러던 중 1596년 12월, 고니시 유키나가가 수하
병사 요시라를 보내 가토 기요마사의 군대가 공격해올 것이라는 정보를 조선쪽
에 흘렸다.

마침내 명나라와의 강화 회담이 결렬되자 일본은 1597년 1월 조선을 다시 침략
했다. 조정에서는 이순신이 빨리 전진하면 적장을 잡을 수 있을 것이라는 기대
에 한껏 부풀어 있었다. 그러나 이순신은 적의 계략임을 눈치 채고 섣불리 움직
이지 않았다. 이 소식을 들은 조정은 이순신을 잡아들이고, 대신 원균을 통제사
에 임명한다.

이순신을 목 베어야 한다는 상소문까지 올라온 위험한 상황이었다. 이때 원로대
신 정탁이 홀로 간하였다. 정탁의 의견은 받아들여져 이순신은 사형을 면하고
관직만 빼앗긴다.

이순신을 알아보고 등용해 뜻을 펴게 한 이는 유성룡이었고, 결정적인 순간에
이순신을 살린 이는 정탁이었다.

獨判中樞府使鄭琢言：

舜臣名將 不可殺。

軍機利害 難可遙度。

其不進 未必無意. 請寬恕, 以責後效。

적이 우리 국경을 침범한 이래 오직

수군에게만 패배했다. 도요토미 히데요시가

이를 분하게 여겨 무슨 수를 써서든 조선 수군을

잡으라고 고니시 유키나가를 다그쳤다.

고니시 유키나가는 김응서에게 접근해 이순신이

모함에 빠지도록 술수를 부리고, 원균을 바다로

유인한 뒤 우리 수군의 약점을 알아내 습격했다.

우리 군대가 모두 그의 교묘한 계략에 놀아났으니

너무나 슬프지 않은가.

조선의 수군을 무찔러라

날이 저물기 시작할 무렵, 원균의 함대는 절영도에 이르렀다. 한산도부터 잠시도 쉬지 않고 하루 종일 배를 저어온 군사들은 배고픔과 목마름으로 지쳐 있었다. 하지만 일본군의 배가 바다 한가운데에 나타나자 원균은 지체 없이 공격 명령을 내렸다. 일본군은 이리저리 피하기만 할 뿐 맞서 싸우지 않았다. 이렇게 바다 위를 표류하던 조선 수군은 일본의 계략에 빠져 전멸하고 만다. 1597년 7월 15일, 칠천량해전이었다.

섬나라 일본이 한낱 조선의 수군에게 밀린다는 것은 전혀 예상치 못한 일이었다. 이는 도요토미의 자존심이 허락치 않았다. 정면 승부로는 승산이 없자 일본은 간교한 계략으로 이순신을 모함에 빠뜨리고, 원균의 함대마저 무너뜨린다. 이것은 원균만의 패배가 아니었다. 유성룡은 조정 전체의 패배였음을 인정한다.

蓋賊自壬辰入我境, 惟見敗於舟師,
平秀吉憤之, 責行長, 必取舟師.
行長佯輸款於金應瑞, 使李舜臣得罪,
又誘元均出海中, 盡得其虛實, 因行掩襲,
其計至巧, 而我悉墮其計中, 哀哉。

51

의병장 곽재우는 죽기를 각오하고

창녕의 화왕산성에 들어갔다.

산 아래 도착한 적들이 화왕산의

험악한 산세를 우러러보았다.

한 치도 흔들림 없는

성 안 사람의 모습을 보더니

공격하지 않고 그냥 물러갔다.

반
전

화왕산성과 곽재우

화왕산은 '불을 뿜었던 화산'이라는 뜻으로 창녕에서 가장 높은 산이다. 이곳에
는 험준한 바위산을 등지고 남쪽 봉우리 사이를 둘러싼 화왕산성이 있다. 이 화
왕산성이 널리 이름을 떨치게 된 것은 임진왜란과 곽재우 때문이다.

임진왜란 때 곽재우는 이곳 화왕산성에서 의병을 이끌었다. 가토 기요사마는 대
군을 이끌고 산성 밑으로 몰려들어와 의병들의 기를 꺾으려 했다. 그러자 곽재
우는 태연히 말했다.

"일본군의 장수가 군사 쓰는 법을 안다면 쉽게 공격하지 못할 것이다."

의병들은 곽재우의 말에 용기를 냈다. 과연 곽재우의 말대로 가토는 쉽게 공격
하지 못하고 7일 동안 싸움만 걸다가 결국 물러갔다.

惟義兵將郭再佑, 入火王山城, 期死守,

賊到山下, 仰見形勢斗絶, 而城內人靜帖不動, 不攻而去。

52

"내가 일찍부터 나라의 녹봉을 받았으니

풀숲에서 도망치는 쥐떼처럼 죽을 수는 없다.

죽는다면 차라리 당당하고 뚜렷하게 죽을 뿐이다."

"공동산 밖에서는 살아 있음이 기쁨이나,

순원성 안에서는 죽음 또한 영광이로다."

황석산성의 비극

목숨을 건 황석산성에서의 전투는 사흘째 이어졌다. 성 안의 모든 병사와 백성
이 일본군에 맞서 혼신의 힘을 다해 싸웠다. 하지만 나흘째 되던 날, 끝이 다가오
고 있었다. 곽재우와 의병이 버틴 창녕의 화왕산성은 비극을 비켜갔지만, 함양
의 황석산성은 그렇지 못하였다. 함안 군수 조종도도, 안음 현감 곽준도, 그들의
가족들도 일본군의 총칼 앞에 쓰러져갔다. 구차한 삶보다 떳떳한 죽음을 택한
사람들이었다.

조종도는 늘 나라의 녹봉을 받는 자로서 당당한 죽음에 대해 말했고, 성 안으로
들어가면서 굳은 결의가 담긴 시를 남겼다. 시 속의 공동산과 순원성은 비유적
인 표현이다. '공동산'은 중국 감숙성에 있는 산으로, 황제가 공동산에 갔다는 고
사에 빗대어 선조가 피란한 것을 뜻하고, '순원성'은 당나라 때 장순과 허원이 죽
음으로 지킨 성으로 황석산성을 뜻한다.

吾嘗從大夫之後，不可與奔竄之徒，同死草間。

死則當明白死耳。⋯

崆峒山生猶喜，巡遠城中死亦榮。

53

적장 마다시*는 수전에 뛰어나다고들 했다.

그가 200여 척의 배를 이끌고 서해 쪽을 침범하려다

벽파정 아래에서 이순신의 군대와 만났다.

이순신은 대포를 장착한 12척의 배를 타고

조류의 흐름을 이용해 적을 공격했다.

적이 패하여 달아나자

이순신 부대의 명성이 하늘을 찔렀다.

* 구루시마 미치후사로 추정.

반
전

기적 같은 승리

9월 16일, 133척에 달하는 거대한 일본 함대가 눈앞에 나타났다. 하지만 이순신은 동요하지 않고 때를 기다렸다. 진도 벽파정 아래 조류의 흐름이 바뀌는 순간, 조선의 배들이 일제히 북을 울리며 나아갔다. 지자포, 현자포 소리가 산과 바다를 뒤흔들었고, 화살이 빗발처럼 하늘에서 떨어졌다. 순식간에 적선 31척을 깨뜨렸다. 나머지 적선들은 앞다투어 도망치더니 다시는 조선의 수군 가까이 접근하지 않았다. 이순신은 바다에 계속 머무르고 싶었지만, 물결이 매우 험하고 바람도 세게 불어 배를 물렸다.

다시 삼도수군통제사의 자리에 오른 이순신에게 일본군과 싸울 배는 12척뿐이었다. 선조도 포기한 바다에서 이순신은 기적 같은 승리, 명량대첩을 만들어냈다.

賊將馬多時 號善水戰,

率其船二百餘艘, 欲犯西海,

相遇於碧波亭下 舜臣以十二船, 載大砲,

乘潮至, 順流攻之 賊敗走, 軍聲大振。

종전

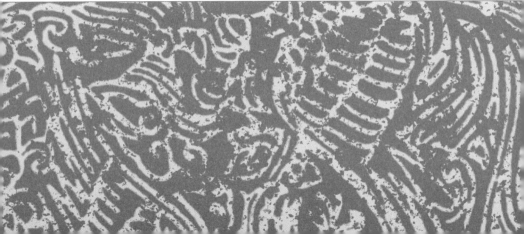

54

이순신이 죽었다는 소식이 돌자

군사들의 진영마다 울음소리가 그치지 않았다.

다들 자기 부모가 세상을 떠난 것 같았다.

그의 운구 행렬이 지나는 곳마다

백성들이 조문하며 울부짖었다.

두 죽음

1598년 8월 18일, 마침내 도요토미 히데요시가 죽었다. 그는 죽기 전에 조선에서 철군하라는 명령을 내렸다. 도요토미 히데요시의 죽음은 철저히 비밀에 부쳐졌지만, 철군을 준비하는 움직임까지 숨길 수는 없었다. 그의 죽음에 대한 소문은 꼬리에 꼬리를 물고 퍼져나갔다.

그리고 11월 19일 새벽, 또 다른 죽음이 있었다. 노량 앞바다에서 일본군과 싸우다가 날아오는 총탄에 맞은 이순신의 죽음이다. 마지막 싸움 전날, 이순신은 하늘을 향하여 마음을 다해 빌었다.

"이 원수를 무찌른다면 죽어도 여한이 없겠습니다."

이순신의 노량해전을 마지막으로 임진왜란은 끝이 난다.

聞舜臣死, 連營痛哭, 如哭私親,

柩行所至, 人民處處設祭 挽車而哭曰。

55

왜적이 기습에 실패했음을 알아채고
한꺼번에 조총을 쏘아대기 시작했다.
그 소리가 바다를 흔들고,
날아오는 총탄이 비 오듯 쏟아져 내렸다.
그렇지만 끝내 이기지 못하고 달아나니
여러 장수들이 이순신을 신으로 여겼다.

신(神), 이순신

달빛이 유난히 밝던 밤, 이순신의 함대가 명량대첩 직전 견내량에서 일본군과 대치하고 있을 때의 일이다. 갑옷을 입은 채 누워 있던 이순신이 갑자기 일어나 장수들을 불러 말했다.
"간교한 적들이 달이 밝은 오늘도 기습해올 것 같으니 경계를 엄중히 하라."
장수들은 이순신의 명령대로 나팔을 불어 배의 닻을 올리고, 척후병을 깨워 기습에 대비했다. 얼마 후 산의 그림자가 바다에 비쳐 어두워진 순간, 드디어 일본군의 기습이 시작되었다. 칠흑 같은 어둠 속에서 수많은 일본군의 배가 모습을 드러냈다. 그러나 기습에 대비하고 있던 조선군의 대응에 일본군은 물러날 수밖에 없었다. 이순신은 아군에게도, 적군에게도 신과 같은 존재가 되었다.
신과 같았던 이순신도 임진왜란의 마지막 싸움에서 쓰러지고 만다. 이순신의 죽음과 신화로 『징비록』도 마무리된다.

賊知有備，一時放鳥銃，

聲震海中，飛丸落於水中者如雨。

不敢犯退走，諸將以爲神。

시기	내용
45살 _ 1586년 병술년	일본 사신 다치바나 야스히로가 조선에 옴.
49살 _ 1590년 경인년	
3월	일본에 황윤길, 김성일 두 사신을 보내기로 결정함.
50살 _ 1591년 신묘년	
3월	일본에서 황윤길, 김성일 두 사신이 돌아옴.
5월	소 요시토시가 일본의 사신으로 옴.
10월	유성룡, 진관제도 정비를 주장함.
51살 _ 1592년 임진년	
2월	신립, 경기도와 황해도를 순시함.
4월 13일	일본이 조선 국경을 침범함.
4월 14일	부산 진성전투를 처음으로 임진왜란이 시작됨.
4월 17일	일본군의 침략을 보고하는 첫 장계가 조정에 올라옴. 양산이 무너짐.
4월 24일	이일, 상주에서 패함.
4월 27일	일본군이 조령을 점령함.
4월 28일	신립, 충주전투에서 패함.
4월 29일	파천이 결정됨.
4월 30일	선조, 피란길에 오름.
5월 1일	선조, 개성에 도착함.
5월 2일	일본군이 서울에 입성함. (2일 한강 방어선이 무너지고, 3일 도성 안으로 진입함.)

시기	내용
5월 7일	선조, 평양에 도착함.
5월 16일	신각이 임진왜란 첫 승리를 함.
5월 18일	임진강 방어선이 무너짐. (17일 전투에서 유극량 전사.)
6월 6일	용인에서 삼도 순찰사의 연합군이 패함.
6월 초	명나라에서 임세록이 파견됨.
6월 11일	선조, 평양을 떠나 의주로 향함.
6월 15일	평양 함락.
6월 22일	선조, 의주에 도착함.
7월 8일	정담, 변응정 군의 웅치전투 패배. 황진, 권율 군의 이치전투 승리. 한산도해전 승리.
8월 17일	명나라의 심유경, 의주에 도착.
12월 2일	유성룡, 수군장 김억추에게 전령을 보냄. 전령이 돌아오지 않은 일을 계기로 간첩의 존재를 알게 됨.
12월 25일	이여송 제독의 명나라 군대, 압록강 건넘.

52살 _ 1593년 계사년

1월 6~8일	평양성전투에서 조선, 명나라 연합군이 승리함. 일본군 퇴각.
1월 24일	일본군이 서울에서 백성을 죽이고, 건물을 불태우며 만행을 저지름.
1월 27일	이여송, 벽제관전투에서 패함.
2월 12일	권율, 행주산성에서 일본군을 물리침.
3월 8일	심유경, 일본과 강화 회담을 함. (이 즈음부터 본격화된 명나라와 일본 사이의 강화 회담은 1596년 9월 3일 도요토미 히데요시의 거부로 협상이 결렬되기까지 지지부진하게 이어짐.)

시기	내용
4월 20일	서울을 되찾음.
6월 29일	2차 진주성전투에서 김천일, 최경회 등이 패함.
	(1차 진주성전투는 1592년 10월 6~10일 벌어졌던, 일본군의 전라도 침공을 막아냈던 전투임.)

55살 _ 1596년 병신년

12월	고니시 유키나가가 요시라를 보내 이순신을 모함하기 위한 정보를 제공함.

56살 _ 1597년 정유년

1월 14일	일본이 조선을 다시 침략함.
1월 27일	원균, 삼도수군통제사에 임명됨.
	(이순신은 2월 서울로 압송됐다가, 4월에 풀려나 8월까지 백의종군함.)
7월 15일	원균, 칠천량해전에서 대패함.
8월 3일	이순신을 삼도수군통제사에 재임명한다는 교지를 받음.
8월 17일	황석산성전투 패배.
9월 7일	이순신, 왜적의 기습을 예측하고 격퇴함.
9월 16일	명량해전에서 승리함.

57살 _ 1598년 무술년

8월 18일	도요토미 히데요시 사망.
11월 19일	노량해전에서 이순신 전사.

─────────────────────── 참고문헌 ───────────────────────

- 국가기록유산, www.memorykorea.go.kr, 『징비록』.

- 박준호, 『풀어쓴 징비록 유성룡의 재구성 : 난세에 진정한 영웅을 다시 만나다』, 동아시아, 2009.

- 배상열, 『징비록 : 비열한 역사와의 결별』, 추수밭, 2015.

- 송복, 『유성룡, 나라를 다시 만들 때가 되었나이다』, 시루, 2014.

- 유성룡, 『교감 해설 징비록』, 김시덕 역해, 아카넷, 2014.

- 유성룡, 『징비록 : 지옥의 전쟁 그리고 반성의 기록』, 김흥식 옮김, 서해문집, 2014.

- 유성룡, 『징비록』, 이동환 글, 현암사, 2007.

- 이덕일, 『유성룡 : 설득과 통합의 리더』, 역사의 아침, 2007.

- 이순신, 『난중일기』, 송찬섭 엮어옮김, 서해문집, 2004.

- 이준구·강호성, 『조선의 정승』, 스타북스, 2006.

- 조선왕조실록, sillok.history.go.kr, 『선조실록』, 『선조수정실록』.

- 한국고전번역원, www.itkc.or.kr, 『서애집』.